BEI GRIN MACHT SICH IHR WISSEN BEZAHLT

- Wir veröffentlichen Ihre Hausarbeit,
  Bachelor- und Masterarbeit

- Ihr eigenes eBook und Buch -
  weltweit in allen wichtigen Shops

- Verdienen Sie an jedem Verkauf

Jetzt bei www.GRIN.com hochladen
und kostenlos publizieren

Thomas Bauer

Christentum und Islam: Konflikt und Dialog

GRIN Verlag

Bibliografische Information der Deutschen Nationalbibliothek:

Die Deutsche Bibliothek verzeichnet diese Publikation in der Deutschen National-
bibliografie; detaillierte bibliografische Daten sind im Internet über http://dnb.d-
nb.de/ abrufbar.

Impressum:

Copyright © 2003 GRIN Verlag GmbH
Druck und Bindung: Books on Demand GmbH, Norderstedt Germany
ISBN: 978-3-638-67112-5

Dieses Buch bei GRIN:

http://www.grin.com/de/e-book/66096/christentum-und-islam-konflikt-und-dialog

GRIN - Your knowledge has value

Der GRIN Verlag publiziert seit 1998 wissenschaftliche Arbeiten von Studenten, Hochschullehrern und anderen Akademikern als eBook und gedrucktes Buch. Die Verlagswebsite www.grin.com ist die ideale Plattform zur Veröffentlichung von Hausarbeiten, Abschlussarbeiten, wissenschaftlichen Aufsätzen, Dissertationen und Fachbüchern.

Besuchen Sie uns im Internet:

http://www.grin.com/

http://www.facebook.com/grincom

http://www.twitter.com/grin_com

Lehrstuhl für Sozial- und Kommunikationswissenschaften

Seminar

Islam und Christentum in Afrika südlich der Sahara
Eine Einführung

Thema:

Christentum und Islam: Konflikt und Dialog

vorgelegt von:

Thomas Bauer

Wintersemester 2002/03

Inhaltsangabe

Christentum und Islam

Dialog und Konflikt

11. September 2001, <u>islamistische</u> Terroristen fliegen zwei zuvor entführte Flugzeuge in das World Trade Center in New York und ein Flugzeug in das scheinbar sicherste Gebäude der Welt, das Pentagon. Über 5000 Menschen sterben bei den Anschlägen. Für die Vereinigten Staaten von Amerika ist das der erste und zugleich schwerste Angriff auf heimischen Boden. Die gesamten westlichen Regierungen bekunden dem amerikanischen Volk ihre Anteilnahme. Der Deutsche Bundeskanzler Gerhard Schröder spricht sogar von „einem Angriff auf die <u>westliche</u> Zivilisation". Aber auch islamisch geführte Regierungen sprechen sich gegen die Anschläge aus. Die schrecklichen Bilder von den Anschlägen gehen um die ganze Welt, aber nicht nur diese Bilder. Wir sehen auch Bilder von jubelnden Palästinensern, Bilder von einem höhnisch lachenden irakischen Diktator Saddam Hussein. Nie werden wir die Schreie der hilflosen Menschen in New York vergessen, aber wir werden auch die freudenreichen Gesänge der Palästinensern und die Freudenbekundungen des irakischen Diktators nicht wieder so schnell aus unseren Köpfen herausbringen. Seit diesem Zeitpunkt sehen viele Menschen in jedem arabisch aussehenden Menschen einen potentiellen Terroristen.

Die Vereinigten Saaten von Amerika haben gleich nach den Anschlägen eine gigantische Antiterror-Allianz geschmiedet. Das islamistische Talibanregime wurde von dieser Allianz gestürzt und viele Terroristen wurden verhaftet.

Nun wollen die Amerikaner auch dem Regime um Saddam Hussein an den Kragen. Doch in diesem Fall haben die Vereinigten Saaten von Amerika einen erheblichen Widerstand aus aller Welt zu spüren bekommen. Die Islamische Welt spricht schon von einem erneuten Kreuzzug der westlichen Welt gegen den Islam. Immer mehr islamische Gruppierungen stellen sich gegen den „westlichen Imperialismus".

Kommt es wirklich zu einem „Clash of Civilizations" wie es Huntington in seinem gleichnamigen Buch beschreibt? Oder fehlt es uns an Dialogfähigkeit mit dem Islam? Was zum Beispiel können die christlichen Kirchen, die ja die westliche Welt seit über 2000 Jahren maßgeblich geprägt haben, zur Lösung dieses Konflikts machen? Gibt es überhaupt eine Lösung in diesem Konflikt?

I) Dialog zwischen dem Christentum und dem Islam

1) Der Dialog in der Theorie

a) Das zweite Vatikanische Konzil und die Folgen

Als das zweite Vatikanische Konzil 1965 abgeschlossen wurde, herrschte große
Freude unter den Kirchenmitgliedern und den Oberen. Von 1962 bis 1965 dauerte das
Konzil. Es waren über zwei tausend Hirten der römisch – katholischen Kirche
anwesend. Zu diesen Hirten lud Papst Johannes XXIII. aber auch Vertreter andere
Konfessionen und sogar anderer Religionen, wie zum Beispiel Vertreter des Islam,
ein. Das war in der Geschichte der Katholischen Kirche einmalig.

Die wichtigste Beschlüsse, die auf diesen Konzil gefällt wurden im Bezug auf den
Dialog mit den anderen Religionen, sind die dogmatischen Konstitutionen: „Lumen
gentium" sowie „Gaudium et spes" und „Nostra aetate" „ Das Konzil stellt klar fest,
dass niemand wegen seiner Religion disskriminiert werden darf und dass andere
Religionen auch Wahrheiten über Gott offenbaren.

Es steht geschrieben: „Der Heilswille umfaßt aber auch die, welche den Schöpfer
anerkennen, unter ihnen besonders die Muslime, die sich zum Glauben Abrahams bekennen
und mit uns den einen Gott anbeten, den barmherzigen, der die Menschen am Jüngsten Tag
richten wird. Aber auch den anderen, die in Schatten und Bildern den unbekannten Gott
suchen, auch solchen ist Gott nicht fern, da er allen Leben und Atem und alles gibt (vgl. Apg
17,25-28) und als Erlöser will, daß alle Menschen gerettet werden (vgl. 1 Tim 2,4)."[1]
Eine besondere Aufmerksamkeit wird den Muslimen zu teil. „Mit Hochachtung
betrachtet die Kirche auch die Muslime, die den alleinigen Gott anbeten, den lebendigen und
in sich seienden, barmherzigen und allmächtigen, den Schöpfer des Himmels und der Erde,
der zu den Menschen gesprochen hat. Über sie wird berichtet, dass sie den einen Gott
anbeten."[2] Seit über 1500 Jahre des Zusammenlebens, gab es keine größere Huldigung
von Seiten der römisch – katholischen Kirche gegenüber dem Islam. Nach langer
Feindschaft versucht der Vatikan mit dem Dokument „Lumen gentium" eine

---

[1] 2. Vatikanisches Konzil **Dogmatische Konstitution über die Kirche "Lumen gentium"**

[2] 2. Vatikanisches Konzil **Dogmatische Konstitution „Nostra aetate"**

Aussöhnung mit dem Islam, gemäß den Worten Jesu: „Ein neues Gebot gebe ich euch: Liebt einander! Wie ich euch geliebt habe, so sollt auch ihr einander lieben."[3] Doch die dogmatische Konstitution war nur der Grundstein für eine Offensive zum Dialog mit dem Islam.

Papst Johannes Paul II schreibt in seinem apostolischen Schreiben: „Tertio millennio adveniente" vom 10. November 1994: Im „Dialog sollen die Juden und die Muslime einen hervorragenden Platz einnehmen"[4] Oder in „Ecclesia in Asia" spricht der Papst sogar von einer Mission des Dialoges. Nicht zu vernachlässigen ist, dass der Papst am Ende des Fastenmonats Ramadan immer eine Grußbotschaft an die islamische Welt richtet. In noch unzähligen apostolischen Schreiben ist es Papst Johannes Paul II. ein großes Anliegen, dass seine Kirche den Dialog mit dem Islam pflegt, fördert und darum betet. Der, dank des zweiten Vatikanischen Konzils, beginnende, anfangs schleppende Dialog der katholischen Kirche mit dem Islam wurde durch Papst Johannes Paul II. zu einem Dialog mit Herz und Liebe ausgebaut.

Von Seiten der evangelischen Kirchen ist leider sehr wenig bekannt, da es unzählige „Kirchen" gibt, die unabhängig voneinander Gespräche mit dem Islam führen. Natürlich haben solche Gespräche nicht solch eine Wirkung, wie wenn das Oberhaupt der Katholiken mit Vertretern des Islams spricht, da ein Vertreter einer evangelischen „Kirche" nur eine kleine Gruppe vertritt und nicht wie der Papst, fast eine Milliarde Gläubige. Von den meisten Autoren, die über den Dialog der Christen mit dem Islam schreiben, wird sehr oft nur die römisch – katholische Kirche zitiert (zum Beispiel: der Autor Adel Th. Khoury). Aus diesen Gründen werde ich im weiteren Verlauf auch nur noch den Vatikan zitieren, wenn es um den Dialog mit dem Islam geht. Dies soll nicht heißen, dass von Seiten der evangelischen „Kirchen" her kein Dialog mit dem Islam geführt wird!

b) Dialog im Koran?

Wie sieht es nun mit der Dialogbereitschaft auf Seiten des Islams aus?
Im Islam gibt es zwar zwei große Gruppen, die Schiiten und die Sunniten, jedoch keine verpflichtende oberste moralische und lehramtliche Instanz wie den Papst bei den Katholiken. Im Grunde gibt es nur Rechtsschulen, die einen großen Einfluss auf

---

[3] Joh 13,34
[4] apostolisches Schreiben: „Tertio millennio adveniente" vom 10. November 1994

die Gläubigen ausüben. Die Vertreter der Rechtsschulen sprechen jeweils für ihre Gruppe(n), die den Auslegungen der jeweiligen Rechtsschule folgen. Bei den Sunniten zum Beispiel gibt es vier bedeutende Rechtsschulen: Hanafiten, Malikiten, Shafi'iten und Hanbaliten.

Auch die politischen Führer der islamischen Regierungen haben großen Einfluss auf die Gläubigen. (Der Kalif war politischer und religiöser Führer des arabischen Großreiches).

Wegen dieser Tatsache gibt es islamische Religionsführer, die einen Dialog mit den Christen aktiv unterstützen und es gibt viele islamische Religionsgelehrte, die im Christentum noch immer die Heiden sehen, die vernichtet werden müssen.

Um sich jedoch ein richtiges Bild über die Dialogbereitschaft des Islams zu machen, muss man die absolute Autorität dieser Religion heranziehen. Diese Autorität steckt im Koran, dem heiligen Buch der Muslime und in den Hadithen. (Die Hadithe sind die traditionellen Überlieferungen aus dem Leben des Muhammad.) Im Koran schrieb der Prophet, laut Überlieferung, unverfälscht die Worte Gottes nieder.

Wie also steht der Prophet zu den Christen? „Die Haltung Muhammads gegenüber den Christen war lange Zeit von Sympathie und Wohlwollen geprägt. Erst in einer späteren Phase seiner Verkündigung führten die politischen Umstände dazu, daß er gegen Ende seines Lebens eine härtere Gangart den Christen gegenüber einnahm. Um dem Islam zur alleinigen Herrschaft auf der Arabischen Halbinsel zu verhelfen, wurden nach und nach der Einfluß der jüdischen Stämme zurückgedrängt und die Wirkungsmöglichkeiten der Christen eingeschränkt. Schließlich kam die entscheidende Anweisung, Juden und Christen zu unterwerfen und sie dem Schutz der islamischen Gemeinschaft zu unterstellen (Sure 9,29)."[5]

Wie sah dieses Anfängliche Wohlwollen aus? Zu Beginn der Verkündigung des Propheten Muhammad sah er in der christlichen Religion eine Ähnlichkeit mit seiner Lehre. (Siehe zum Beispiel die Lehre über Maria in Sure 19). Auch „nennt [Muhammad] die Märtyrer Nadjrans im Jemen die ´Gläubigen´, die ´an Gott glauben´ (Sure 85,7-8)."[6] Im Koran wird vor allem das Leben der christlichen Mönche hoch eingeschätzt (siehe Sure 2,113-115). Zudem nimmt Jesus Christus im Koran einen sehr hohen Stellenwert ein. Jesus wird in Sure 3 als Messias und Prophet bezeichnet. Sogar die unter den christlichen Konfessionen umstrittene Jungfrauengeburt von Jesus wird in Sure 66 bestätigt.

---

[5] Lexikon des Islam: Christen, S. 1. Digitale Bibliothek Band 47: Lexikon des Islam, S. 266 (vgl. LdIslam Bd. 1, S. 140) (c) Verlag Herder
[6] Lexikon des Islam: Christen, S. 2. Digitale Bibliothek Band 47: Lexikon des Islam, S. 267 (vgl. LdIslam Bd. 1, S. 140) (c) Verlag Herder

„Der christliche Glaubenssatz: 'Empfangen durch dem heiligen Geist und geboren aus Maria der Jungfrau', wird also auch im Koran unmissverständlich bezeugt."[7]

Die größte Übereinstimmung zwischen Bibel und Koran liegt im gemeinsamen Grundethos. Dies wäre ein sehr guter Ausgangspunkt für den Dialog. Das Grundethos lautet im Vergleich:

Der islamische Pflichtenkodex (Sure 17,22-38) Im Namen des barmherzigen und gnädigen Gottes. Setz nicht (dem einen) Gott einen anderen Gott zur Seite. Und dein Herr hat bestimmt, daß ihr ihm allein dienen sollt. Und zu den Eltern (sollst du) gut sein. Und gib dem Verwandten, was ihm zusteht, ebenso dem Armen und dem, der unterwegs ist. Und tötet nicht eure Kinder aus Furcht vor Verarmung! ... Und tötet niemand, den (zu töten) Gott verboten hat. Und laßt euch nicht auf Unzucht ein! Und tastet das Vermögen der Waise nicht an. Und erfüllt die Verpflichtung (die ihr eingeht). Und gebt, wenn ihr zumeßt, volles Maß und wägt mit der richtigen Waage! Und geh nicht einer Sache nach, von der du kein Wissen hast! Und schreite nicht ausgelassen auf der Erde einher! (Übersetzung von Rudi Paret) [8]	**Der jüdisch-christliche Dekalog** (Ex 20,1-21) 1..Ich bin der Herr, dein Gott. Du sollst keine andern Götter neben mir haben. Du sollst Dir kein Gottesbild machen. Du sollst den Namen des 2.Herrn, deines Gottes, nicht mißbrauchen. 3.Gedenke des Sabbattages, daß du ihn heilig haltest. 4.Ehre deinen Vater und deine Mutter. 5.Du sollst nicht töten. 6.Du sollst nicht ehebrechen. 7.Du sollst nicht stehlen. 8.Du sollst nicht falsches Zeugnis reden wider deinen Nächsten. 9.Du sollst nicht begehren nach dem Hause deines Nächsten. 10.Du sollst nicht begehren nach dem Weibe deines Nächsten, nach seinem Sklaven oder Sklavin, nach seinem Rinde oder seinem Esel, nach irgendetwas, was dein Nächster hat. (Übersetzung Zürcher Bibel)

Seit den 70er Jahre gibt es auch einige Erklärungen des Islamischen Weltkongresses und der Weltmuslim- Liga, die zur Förderung des Dialoges mit den Christen beitragen. Aus einer Erklärung des Islamischen Weltkongresses vom Februar 1973 heißt es: „Der Islam ist für eine Verständigung mit den christlichen Kirchen. Er ist bereit, unter alle Unstimmigkeiten und Mißverständnisse, die die Vergangenheit belasten, einen

---

[7] Muhammad Salim Abdullah: „Islam, für das Gespräch mit Christen"; S.147
[8] aus: Hans Küng: „Spurensuche, den Weltreligionen auf der Spur"; CD-ROM Ausgabe 1991

Schlußstrich zu ziehen und mit den Kirchen zum Wohle der Menschheit zusammenzuarbeiten."[9]

2) Der Dialog in der Praxis

Auf dem Papier scheint es mit dem Dialog zwischen den zwei Weltreligionen sehr gut aus zu sehen. Doch wie sieht es im praktischen Leben aus?

Einen der größten Schritte Richtung Dialog machte Papst Johannes Paul II.. Am 06.05.2001 betritt das Oberhaupt der Katholischen Kirche, der Vertreter Jesu Christi auf Erden, als erster Papst  in der Geschichte der Katholischen Kirche, die Omajjaden Moschee in Damaskus. Ehrfurchtsvoll zieht der gebrechliche alte Mann, gemäß den Rieten der Muslime, seine Schuhe aus und küsst mit gleicher Ehre das heilige Buch der Muslime, den Koran. Begleitet wurde der Papst vom Syrischen Großmufti Scheich Ahmad Kuftaro. Der Öffentlichkeit sagte der Papst: „Der Jugend im Nahen Osten müsse gelehrt werden, dass Religion niemals dazu missbraucht werden darf, Gewalt und Hass zu rechtfertigen. Christentum und Islam dürften sich nicht feindlich gegenüberstehen."[10]

Aber der Papst ist nicht der Einzige Christ, der den Dialog mit den Muslimen im praktischen Leben umsetzt. Auch die Deutsche Bischofskonferenz hat in Frankfurt eine Dokumentationsleitstelle zum „christlich-islamischen Dialog". Die Erzbistümer Köln und München unterhalten gemeinsam das Referat für den „Interreligiösen Dialog". Die Mitarbeiter dieses Referats unterstützen die Menschen aktiv in Fragen interreligiöser Ehen, Umgangsformen und versuchen durch aktive Aufklärungsarbeit, gegenseitige Vorurteile abzubauen. Sie geben Deutschkurse und unterhalten einen deutsch-türkischen Kreis zum kulturellen Austausch.

Islamesischerseits ist „Islam-Archiv" und die „Islamische -Wissenschaftliche- Akademie" zu nenne. Beide Organisationen bemühen sich sehr intensiv um Aufklärungsarbeit. Zum Beispiel organisieren sie Tage der offenen Moschee oder sie geben Seminare über ihre Religion. Es wird aktiv die Zusammenarbeit in Fragen des

---

[9] Lexikon des Islam: Dialog, S. 7. Digitale Bibliothek Band 47: Lexikon des Islam, S. 319 (vgl. LdIslam Bd. 1, S. 169) (c) Verlag Herder
[10] veröffentlicht auf der Homepage: muslim-markt.de (05.12.2002)

interreligiösen Dialoges mit den christlichen Kirchen in Deutschland und weltweit gefördert und mit finanziellen Mitteln unterstützt.

Große Schritte Richtung interreligiöser Zusammenarbeit und Zusammenlebens zeigen uns die caritativen Einrichtungen. In Krisengebieten arbeiten schon seit langer Zeit der Rote Halbmond und das Rote Kreuz fruchtbar zusammen. In einigen Ländern in Afrika und Asien gibt es Krankenhäuser, Kindergärten und Schulen, die von Christen und Muslime gemeinsam geführt und unterhalten werden.

Die Deutschen Bischöfe sprechen auch von einem gemeinsamen Engagement im Umweltbereich oder im Bereich der Globalisierung. „Im Anschluss an solche Zusammenarbeit falle eine positive Wahrnehmung der Anderen und damit der Dialog wesentlich leichter. Außerdem handelt es sich dann nicht um realitätsferne und folgenlose Gespräche, sondern um Dialoge, die etwas bewirken möchten und können. Dies gilt auch im Hinblick auf die großen weltweiten Herausforderungen, vor denen die Menschheit heute steht, angefangen von der Minderung der Armut und dem Erhalt der natürlichen Lebensgrundlagen bis hin zu den Problemen der Globalisierung"[11]

Ein letzter, aber doch sehr wichtiger Punkt für den Dialog in der Praxis ist die Religionsfreiheit in den westlich-christlichen Nationen. In diesen Ländern ist es ein Grundsatz, dass jeder Mensch seine Religion ohne Zwang oder Unterdrückung ausleben darf. Dieser Grundsatz ist in jeder westlichen Verfassung verankert und kann nicht rückgängig gemacht werden. So ist den muslimischen Mitbrüdern ohne Probleme erlaubt, dass sie Moscheen errichten dürfen, ja sogar in der ewig christlichen Stadt Rom ist es ihnen nicht verwehrt worden. Leider sind viele muslimisch geprägte Saaten noch nicht bereit, dass sie den Christen ebensolche Religionsfreiheit gewähren.

II) Konflikte zwischen Christentum und Islam

"The great divisions among humankind and the dominating source of conflict will be cultural. Nation states will remain the most powerful actors in world affairs, but the principal conflicts of global politics will occur between nations and groups of different civilizations. The clash

---

[11] Arbeitshilfe der Deutschen Bischofskonferenz: „Dialog zwischen den Kulturen für eine Zivilisation der Liebe und des Friedens" 1. Januar 2001

of civilizations will dominate global politics. The fault lines between civilizations will be the battle lines of the future."[12]

Diese Aussage von Huntington war sehr umstritten. Doch seit den Anschlägen am 11. September rückt Huntington mit seinen Aussagen in seinem Artikel in Foreign Affairs von 1993, wieder in den Mittelpunkt. Stehen wir wirklich vor einem „Clash of Civilizations", oder wird der aktuelle „Konflikt" nur hochgespielt?

1) Der Beginn des Konfliktes

Grundsätzlich begann der Konflikt zwischen den Christen und dem Islam mit der Gründung des Islam. Als zwischen den Jahren 610 und 632 Muhammad seine Offenbarung von Gott bekam, entstand ein neues Zeitalter. Legitimiert durch die Offenbarungen, gründete Muhammad eine neue Religion, den Islam. Diese Religion breitete sich rasch um Mekka und Medina aus, da hier anfänglich heidnische Wüstenvölker lebten. Doch schließlich stößt die neue Religion auf altbewährte Religionen, das Judentum und Christentum. „In der frühen Phase der Verkündigung Muhammads erinnert seine Botschaft an die Themen und die Art der christlichen Prediger. Die Haltung Muhammads gegenüber den Christen war lange Zeit von Sympathie und Wohlwollen geprägt. Erst in einer späteren Phase seiner Verkündigung führten die politischen Umstände dazu, daß er gegen Ende seines Lebens eine härtere Gangart den Christen gegenüber einnahm. Um dem Islam zur alleinigen Herrschaft auf der Arabischen Halbinsel zu verhelfen, wurden nach und nach der Einfluß der jüdischen Stämme zurückgedrängt und die Wirkungsmöglichkeiten der Christen eingeschränkt. Schließlich kam die entscheidende Anweisung, Juden und Christen zu unterwerfen und sie dem Schutz der islamischen Gemeinschaft zu unterstellen (Sure 9,29)."[13]

In Sure 3,19 stellt Muhammad den Islam als einzige gottgewollte Religion dar. Muhammad schreibt jetzt viel energischer gegen die Juden und Christen. Einige Koranstellen sollen zeigen, wie Hass erfüllt Muhammad war:

Sure 5,7: „Sprich: O ihr Leute des Buches, übertreibt nicht in eurer Religion über die Wahrheit hinaus und folgt nicht den Neigungen von Leuten, die früher irregegangen sind und viele irregeführt haben und vom rechten Weg abgeirrt sind".

---

[12] Samuel P. Huntington: "The Clash of Civilizations"; in Foreign Affairs. Summer 1993, v72, n3, p22(28)

[13] Lexikon des Islam: Christen, S. 1. Digitale Bibliothek Band 47: Lexikon des Islam, S. 266 (vgl. LdIslam Bd. 1, S. 140) (c) Verlag Herder

Oder Sure 5,73: „Wenn sie nicht aufhören, ihre irrigen Lehren zu verbreiten, wird sie eine schmerzliche Strafe treffen."

Muhammad wird sogar noch polemischer in dem er schreibt: Sure 8,12-13

„Als dein Herr den Engeln eingab: „Ich bin mit euch. Festigt diejenigen, die glauben. Ich werde den Herzen derer, die ungläubig sind, Schrecken einjagen. So schlagt auf die Nacken und schlagt auf jeden Finger von ihnen."[14]

Es gibt noch einige Koranstellen wo Muhammad sehr feindlich gegenüber die Christen und Juden schreibt. Wichtig jedoch ist die Stelle 9,29:

„Kämpft gegen diejenigen, die nicht an Gott und nicht an den Jüngsten Tag glauben und nicht verbieten, was Gott und sein Gesandter verboten haben, und nicht der Religion der Wahrheit angehören - von *denen, denen das Buch zugekommen ist, bis sie von dem, was ihre Hand besitzt, Tribut entrichten als Erniedrigung*"[15]

Doch Gott sei Dank haben sich einige seiner Nachfolger nicht so hasserfüllt gegenüber den Christen verhalten. Sie machten sich die Koranstelle 9,29 zu nutze. Muhammad erlaubt dort, dass Andersgläubig unter Schutzhaft des jeweiligen Imam genommen werden dürfen. Die Schutzbürger nannte man Dhimmis.

„Der Imam der islamischen Gemeinschaft oder seine Stellvertreter schließen das Schutz-Abkommen ab. Wo die Voraussetzungen und die Bedingungen erfüllt sind, *darf das Abkommen nicht verweigert werden*. Als Schutzbürger werden die Juden, die Samariter, die Christen, die Zarathustrianer und die Sabier angenommen."... „Das Schutz-Abkommen garantiert den tolerierten Minderheiten ihre öffentlichen Rechte: die Sicherheit des Lebens und des Eigentums, das Recht im Gebiet des Islams unbegrenzt zu leben und die Garantie ihrer privaten und öffentlichen Rechte (…)… Die Muslime sind gehalten, diese Bürger zu schützen, sich feindseliger Handlungen gegen sie zu enthalten, ihnen gesetzeswidrig zugefügten Schaden wiedergutzumachen.

Wenn die islamische Gemeinschaft diese Pflichten nicht erfüllt, dann sind die Schutzbürger von der Entrichtung der festgelegten Tribute und Abgaben befreit."[16]

Diese Schutzherrschaft gegenüber den Andersgläubigen ist auf den ersten Blick gar nicht mal so schlecht. Doch, die Schutzbürger haben eine Menge Pflichten zu erfüllen. Sie sind nur Bürger zweiten Ranges, müssen Abgaben an den Schutzbefohlenen entrichten, sie müssen Markierungen auf den Kleidern tragen, sie

---

[14] Koranstellen: Digitale Bibliothek Band 47: Lexikon des Islam, S. 1572 (vgl. LdIslam Bd. 3, S. 821) (c) Verlag Herder
[15] Lexikon des Islam: Christen, S. 7. Digitale Bibliothek Band 47: Lexikon des Islam, S. 272 (vgl. LdIslam Bd. 1, S. 143) (c) Verlag Herder (Hervorhebung durch mich)
[16] Adel Th. Koury: „Christen unterm Halbmond"; S.92/93 (Hervorhebung durch mich)

dürfen keine Glocken läuten noch die Heilige Schrift und Überlieferungen über den Messias in der Öffentlichkeit lesen, müssen ihre Toten still, ohne Klage, begraben und sie dürfen nur auf Mauleseln und Eseln reiten.[17] (An dieser Stelle muss ich eine Anmerkung gegenüber dem Autor Adel Th. Koury einbringen. Er schrieb in seinem Buch „Christen unterm Halbmond" von einem polemischen christlichen Autor, da dieser Autor sich gegen die Schutzherrschaft ausgesprochen hat. Ich stelle mir die Frage, was daran polemisch sein soll, wenn man sich gegen Methoden ausspricht, die die gleichen Maßnahmen gegenüber den Christen beinhalten, wie dies in Nazideutschland gegenüber den Juden geschah? Ich denke, wir sind alle der Meinung, dass so etwas wie mit den Juden geschah, nie wieder geschehen darf, egal mit welcher Rasse!)

Aus Zwang und Not gingen viele Christen solche Schutzherrschaften mit der islamischen Bevölkerung ein.

Aus christlicher Sicht wurde der Islam im 7ten/8ten Jahrhundert nicht sehr beachtet. „Dem Islam gegenüber befand sich die östliche wie westliche Christenheit in einer gewissen Hilflosigkeit und Verlegenheit. Als Christ wußte man sich im Besitz der vollkommenen und vollständigen Wahrheit. So wurde der Islam zunächst nicht recht ernst genommen. Betrachtete man ihn, so nicht um seinen Eigencharakter kennenzulernen, sondern um ihn zu diskreditieren."[18]

Der Islam eroberte bis zum 7ten Jahrhundert die gesamte arabische Halbinsel, das nördliche Afrika und drang bis nach Spanien vor. Erst im Jahre 732 stoppte Karl Martell den islamischen Feldzug.

„Es war die morgenländische Kirche, die als erste die theologische Kontroverse, beginnend mit Johannes von Damaskus, aufnahm. Im lateinischen Westen sollten noch Jahrhunderte vergehen, bis für eine ernsthafte Auseinandersetzung die Voraussetzungen geschaffen waren."[19]

In Spanien jedoch lebten Christen unter muslimischer Herrschaft bis zur große Reconquista ab dem 10ten Jahrhundert.

---

[17] nach Adel Th. Koury: „Christen unterm Halbmond"; S.94/95
[18] Lexikon des Islam: Christentum und Islam, S. 2. Digitale Bibliothek Band 47: Lexikon des Islam, S. 279 (vgl. LdIslam Bd. 1, S. 146-147) (c) Verlag Herder
[19] Lexikon des Islam: Christentum und Islam, S. 8. Digitale Bibliothek Band 47: Lexikon des Islam, S. 285 (vgl. LdIslam Bd. 1, S. 150) (c) Verlag Herder

2) Der Höhepunkt des Konflikts im Mittelalter

Mit der Reconquista in Spanien begannen nun die christlichen Königreiche einen offenen „Angriffskrieg" gegen das muslimische Großreich zu führen. Der Krieg in Spanien galt eigentlich noch nicht als Angriffskrieg, da ja Spanien von den Muslimen überfallen worden ist. Erfolgreich drängten die christlichen Feldherren die Muslime zurück nach Afrika. Damit begann der große Eroberungsfeldzug der christlichen Kreuzfahrer.

Am 18. November 1095 wurde in Clermont von Papst Urban II das Konzil eröffnet, in dem der Papst zum Kreuzzug gegen die Muslime und zur Befreiung Jerusalems aufruft. Als Leitspruch für diesen Kreuzzug gab der Papst: „ Deus vult!" aus.

Im Wortlaut verkündete Papst Urban II. folgendes:

„Ihr wisst, geliebte Brüder, wie der Erlöser der Menschheit, als er uns zum Heile menschliche Gestalt angenommen hatte, das Land der Verheißung mit seiner Gegenwart verherrlichte und durch seine vielen Wunder und durch das Erlösungswerk, das er hier vollbrachte, noch besonders denkwürdig machte. Hat nun gleich der Herr durch gerechtes Urteil zugegeben, dass die Heilige Stadt wegen der Sünden ihrer Bewohner mehrmals in die Hände ihrer Ungläubigen geriet, hat er sie auch eine Zeitlang das schwere Joch der Knechtschaft tragen lassen, so dürfen wir darum doch nicht glauben, dass er sie verschmäht und verworfen habe. Die Wiege unseres Heils vor, das Vaterland des Herrn, das Mutterland der Religion, hat ein gottloses Volk in seiner Gewalt. Das gottlose Volk der Sarazenen drückt die heiligen Orte, die von den Füßen des Herrn betreten worden sind, schon seit langer Zeit mit seiner Tyrannei und hält die Gläubigen in Knechtschaft und Unterwerfung. Die Hunde sind ins Heiligtum gekommen, und das Allerheiligste ist entweiht. Das Volk, das den wahren Gott verehrt, ist erniedrigt; das auserwählte Volk muss unwürdige Bedrückung leiden. Das königliche Priestertum muss als Sklave Ziegel brennen; die Fürstin der Länder, die Stadt Gottes, muss Tribut zahlen. Will einem nicht die Seele darüber zergehen, will einem nicht darüber das Herz zerfließen? Liebe Brüder, wer kann das mit trockenen Augen anhören? Der Tempel des Herrn, aus dem er in seinem Eifer die Käufer und Verkäufer hinausgetrieben hat, damit das Haus seines Vaters nicht eine Mördergrube werde, ist nun Sitz des Teufels geworden. Die Stadt des Königs aller Könige, die den andern die Gesetze des unverfälschten Glaubens gegeben hat, muss heidnischem Aberglauben dienstbar sein. Die Kirche zur heiligen Auferstehung, die Ruhestätte des Herrn, steht unter der Herrschaft derer, die an der Auferstehung keinen Teil haben, sondern als Stoppeln zur Erhaltung des ewigen höllischen Feuers werden dienen müssen. Die ehrwürdigen Orte sind in Schafkrippen und Viehställe verwandelt. Dem preiswürdigen Volke werden die Söhne entrissen und gezwungen, heidnischer Unreinheit dienstbar zu werden und den Namen des lebendigen Gottes zu verleugnen oder mit lasterhaftem Munde zu schmähen, und wenn sie sich den gottlosen Befehlen widersetzen, so werden sie wie das Vieh hingeschlachtet, Genossen der heiligen Märtyrer. Den Tempelhändlern gilt jeder Ort, jede Person gleichviel; sie morden die Priester im Heiligtum. Wehe uns, die wir in den Jammer der gefahrvollen Zeit versunken sind, von der der fromme König David, sie im Geiste voraussehend, klagend gesprochen hat: „Gott, es sind Heiden in dein Erbe gefallen; die haben deinen heiligen Tempel verunreinigt. Herr, wie lange wirst du zürnen und deinen Eifer wie Feuer brennen lassen?". . „Wehe uns, dass wir dazu geboren sind, unseres Volkes und der Heiligen Stadt Zerstörung sehen und dazu stille sitzen zu müssen und die Feinde ihren Mutwillen treiben zu lassen!" Bewaffnet euch mit dem Eifer Gottes, liebe Brüder, gürtet eure Schwerter an eure Seiten, rüstet euch und seid Söhne des Gewaltigen! Besser ist es, im Kampfe zu sterben, als unser Volk und die Heiligen leiden zu sehen. Wer einen Eifer hat für das Gesetz Gottes, der schließe sich uns an. Wir wollen unsern Brüdern helfen. Ziehet aus, und der Herr wird mit euch sein. Wendet die Waffen, mit denen ihr in sträflicher Weise Bruderblut vergießt, gegen die Feinde des christlichen Namens und Glaubens. Die Diebe, Räuber, Brandstifter und Mörder werden das Reich Gottes nicht besitzen; erkauft euch mit wohlgefälligem Gehorsam die Gnade Gottes, dass er euch eure Sünden, mit denen ihr seinen Zorn erweckt habt, um solch frommer Werke und der vereinigten Fürbitten der Heiligen willen schnell vergebe. Wir aber erlassen durch die Barmherzigkeit Gottes und gestützt auf die heiligen Apostel Petrus und Paulus allen gläubigen Christen, die gegen die Heiden die Waffen nehmen und sich der Last dieses Pilgerzuges unterziehen, alle die Strafen, welche die Kirche für ihre Sünden über sie verhängt hat. Und wenn einer dort in wahrer Buße fällt, so darf er fest glauben, dass ihm Vergebung seiner Sünden und die Frucht ewigen Lebens zuteil werden wird. Unterdessen aber betrachten wir diejenigen, welche im Glaubenseifer jenen Kampf auf sich nehmen wollen, als Kinder des wahren Gehorsams und stellen sie unter den Schutz der Kirche und der heiligen Apostel Petrus und Paulus; sie sollen vor jeder Beunruhigung ihres Eigentums oder ihrer Personen gesichert sein." [20].

Dieser Rede folgten tausende Ritter. Es war der Beginn der dunkelsten Zeiten zwischen den Christentum und dem Islam. 1099 nahmen die christlichen Ritter die Stadt Jerusalem ein. Obwohl der Papst nie von einem Gemetzel unter der einheimischen Bevölkerung sprach, wurde ein Blutbad unter der hauptsächlich islamischen Bevölkerung angerichtet. 1212 folgte der Kinderkreuzzug und im Jahre 1189 begann der 3. Kreuzzug, der aber schon sehr unter einer politischen Motivation stand. Die religiösen Interessen verschwanden dann beim 4. Kreuzzug schon fast ganz. Hauptsächlich ging es nur noch um politische Interessen der christlichen Großreiche Frankreich und des heiligen Römischen Reiches Deutscher Nation und um Handelsinteressen der Stadt Venedig. 1291 wurden die letzten lateinischen Saaten von dem osmanischen Herrscher Saladin aufgelöst.
Durch die Kreuzzüge brachten die Soldaten Kenntnisse von einer bis dato überlegenen Kultur mit nach Europa. Der Orient aber fühlte sich bestätigt in seiner Einstellung zum Okzident, was die raue, unqualifizierte Lebensweise des christlichen Okzidents betraf. In der islamischen Literatur wurden die Kreuzzüge nie als Gefahr für den Islam gesehen. Aus dieser Überheblichkeit heraus, interessierte sich der Orient nicht weiter für die Entwicklung in Europa, ein folgenschwerer Fehler!

---

[20] aus: www.der-kreuzritter.de

3)Die Zeit der Aufklärung

Immanuel Kant beschreibt die Aufklärung als einen „Ausgang aus seiner selbst verschuldeten Unmündigkeit".

Waren bis zu dieser Zeit Kirche und Staat eine selbstverständliche Verbindung in der westlichen Kultur, so wurde Kirche/Glaube von nun an vom Staat getrennt.

Auch das bisherige Staatswesen wurde mächtig umgegremppelt.

„An die Stelle göttlicher Legitimation des Monarchen trat der auf das Naturrecht gegründete Gesellschaftsvertrag." (J.-J. Rousseau)

Durch die Französische Revolution, die den vorläufigen Höhepunkt der Aufklärung bildete, wurden die Grundsteine für die allgemeinen Menschenrechte gelegt.

LIBERTÉ, ÉGALITÉ, FRATERNITÉ waren die Schlagworte der Revolution.

Diese Entwicklung ging leider, bis zum Erscheinen Napoleon Bonapartes in Ägypten an der islamischen Welt spurlos vorüber!

Durch das große Desinteresse des Orients am Okzident war die muslimische Welt sichtbar geschockt, als Napoleon mit Truppen aus dem christlichen Europa in Ägypten einfiel. Der Orient hatte von den Europäern immer noch die Vorstellung, die sie von den Kreuzzügen kannten und sie wussten daher nichts von der beträchtlichen kulturellen, politischen und militärischen Entwicklung in Europa.

Einen noch größeren Schock verursachte die Vertreibung der französischen Truppen aus Ägypten durch britische Truppen. Sahen sich die Muslime doch als von Gott gesandte überlegene Kultur. Jetzt aber vertrieben europäische Truppen Europäer aus einem muslimischen Land.

Seit diesem Zeitpunkt eroberten Truppen aus Niederlande, Belgien, Frankreich, Spanien, England und Deutschland noch viele islamisch geprägte Gebiete. Das Zeitalter des Imperialismus wurde eingeläutet.

In dieser Zeit begann auch der größte Irrtum der islamischen Welt sich auszubreiten, der bis heute noch anhält. In den imperialistischen Streben der europäischen Regierungen sah/sieht die islamische Welt eine Neuauflage der christlichen Kreuzzüge. Doch, obwohl es natürlich christliche Soldaten und Regierungen waren, die gegen die Muslime kämpften, seit der Aufklärung sind Kirche und Staat in der westlichen Welt getrennt. Der Papst, das Christentum als Religion rief nicht zum Imperialismus auf. (Wenn auch oft die Missionierung Hand in Hand mit dem Imperialismus ging!) Der Imperialismus war Angelegenheit der westlichen Politik.

Leider sah der Islam diese Zeit nicht im richtigen Licht, da es im Islam noch immer die Verbindung von Religion und Staat gab/gibt.

4) Die Konfrontation im 20ten und 21ten Jahrhundert

Ein Ereignis hat das Interesse am Islam in den Köpfen der westlichen Bevölkerung wieder erstarkt. Am 11. September 2001 geschah das unvorstellbare, zwei zuvor entführte Passagierflugzeuge stürzen sich in die Zwillingstürme des World Trade Centers. Islmistischen Terroristen gelang es schließlich, nach dem Versuch von 1993, das, wie sie es nennen, „Zentrum der Weltwirtschaft" zu vernichten.

Seit dieser Zeit wurden unzählige Artikel, Kommentare und Bücher über den Islam veröffentlicht. Das Interesse in der Bevölkerung Europas und Nordamerikas an dieser Religion ist schlagartig gestiegen (obwohl schon seit den 50er Jahren eine Welle von Anschlägen terroristischer Islamisten die Welt überschattet). Huntington sprach in einem Artikel von 1993 von einem „Clash of Civilizations". Das Christentum und der Islam leben schon seit über tausend Jahren nebeneinander. Öfters im Konflikt als im Dialog, doch über all die Jahre wurde in der Literatur nie von einem Zusammenprall der Zivilisationen gesprochen. Was also ist nun anders geworden, dass manche Intellektuelle eine Konfrontation, die schon seit Gründung des Islams bestand, so dramatisch betrachten?

Als Folge des westlichen Imperialismus haben sich im 20. Jahrhundert viele islamistische Terrorgruppen herausgebildet. Durch den Kalten Krieg wurden, paradoxerweise, solche Gruppierungen auf Seiten der Interessen des Westens, unterstützt. Diese Gruppen sollten den großen Feind, die Kommunisten aus der Sowjetunion, bekämpfen.

Doch viele islamistische Gruppen entwickelten einen Hass gegen den Westen und, leider auch gegen das Christentum, dass noch immer die vorherrschende Religion im Westen ist. Mit der Gründung des israelischen Staates wurde dieser Hass noch verstärkt. Nicht nur von solchen Gruppierungen, sondern auch von den meisten Muslimen wird nicht gesehen, dass schon seit der Aufklärung der Staat und die Religion im Westen getrennt sind. So werden politische Interessen der Europäer und Amerikaner mit Interessen der Religion Christentum gleichgesetzt. Wenn muslimische Gelehrte die Probleme der westlichen Gesellschaft ansprechen, dann wird sehr oft von Problemen des Christentums gesprochen.

Woraus bestehen nun die Probleme, die die Beziehungen zwischen der muslimischen Welt und der christlich-westlichen Welt ausmachen? Dass dieses Problem nicht unbedingt unbedeutend ist, zeigt doch, dass die stark antiwestlich eingestellten Gruppierungen starken zu wachs haben, wie es die Geheimdienste immer wieder betonen.

„Der traditionelle Islam lebt im Bewusstsein einer einheitlichen Gesellschaft, deren Grundstrukturen theokratisch sind. Gottes Rechte, welche durch die Offenbarung Gottes im Koran und durch die Tradition seines bevollmächtigten Gesandten Muhammad positiv festgelegt worden sind, bilden die Fundamente der islamischen politischen Gesellschaft (Umma). Diese Gesellschaft wird im Koran als die beste unter den Menschen bezeichnet (vgl. 3,110). Daher gilt sie in den Augen der muslimischen Gelehrten als die bessere Alternative zu allen Ordnungsvorstellungen, die sich die Menschen aus denken können. […] Darauf gründet auch die Forderung muslimischer Gelehrter nach einer Islamisierung bzw. Re-Islamisierung der Gesellschaft in den Ländern der islamischen Welt und darüber hinaus die Unterstreichung der Pflicht der islamischen Gemeinschaft, sich für die Ausdehnung des Herrschaftsbereiches der Rechte Gottes und der islamischen Rechtsordnung einzusetzen."[21]

Aus diesen Worten von Herrn Khoury lässt sich erblicken, dass viele Muslime ein Problem mit der westlichen Gesellschaft haben.

Der Topterrorist Usama bin Laden sagte einmal, in einem vor längerer Zeit ausgestrahlten Al Dshasira – Interview, dass er und seine Organisation Al Kaida sofort den Terror gegen die USA einstellen würden, wenn diese ihre Truppen vom heiligen Boden von Saudi Arabien verlassen würde. (Ob bin Laden das jemals gesagt hat ist natürlich nicht nachvollziehbar.)

„Die islamische Welt spürt immer noch und vielleicht zunehmend [durch die Globalisierung] die Überlegenheit des Westens in fast allen Bereichen des praktischen Lebens: im wissenschaftlichen, technischen, wirtschaftlichen und politischen Bereich.

Dies hat in der Vergangenheit dazu geführt, dass eine teilweise Verwestlichung des Lebens islamischer Völker sich als unentrinnbar erwies."[22]

Durch die Globalisierung werden die westlichen „Werte", die aber nichts mehr mit den christlichen Werten zu tun haben in die islamische Welt exportiert.

Für die frommen Muslime sind die geistigen Auswirkungen der Globalisierung viel schlimmer als der oft angeprangerte Materialismus. In den Medien und durch das

---

[21] Adel Theodor Khoury: „Der Islam und die westliche Welt";S.125/126
[22] Adel Theodor Khoury: „Der Islam und die westliche Welt";S.126, Einfügung durch mich

Internet exportiert der Westen seine atheistischen liberalen „Moralvorstellungen" in alle Welt. Die vermeintlich liberale Gesellschaftsordnung des Abendlandes ist jedoch kein Vorbild für das streng traditionalistische gesellschaftliche Ideal des Islam. Im Gegenteil: Die lockeren Moralwerte des Westens mit ihren allgegenwärtigen sexuellen Freizügigkeiten im Fernsehen, der Verfall der herkömmlichen Familienstruktur und die Bereitschaft, unnatürliche Lebensgemeinschaften per Gesetz anzuerkennen, der Alkohol- und Rauschgiftkonsum sind Gift für das islamische Selbstverständnis. Diesem Einfluss kann sich ein Land im sogenannten Informationszeitalter kaum entziehen, es sei denn man kapselt sich ganz vom Westen ab.

Am Sonntag den 02.03.2003 erzählte ein Regierungsberater von George W. Bush bei der Polittalksendung Sabine Christiansen, dass die amerikanische Regierung die Demokratie und die westlichen Werte in den Nahen Osten bringen wollen. Ist das wirklich eine gute Idee?

Wie wir sehen, ist der Konflikt zwischen dem Islam und dem Christentum im 20./21. Jahrhundert kein Konflikt der Religion Islam und der Religion Christentum, sondern eine Auseinandersetzung der kulturellen Vorstellung der islamischen Welt und der des Westens. Natürlich hat der Westen seine kulturellen Wurzeln im Christentum, jedoch diese Wurzel verblassen immer mehr und man kann viele Kritikpunkte der Muslime an diesem Gesellschaftssystem nur unterstreichen! (Zum Beispiel die Abtreibungspraxis oder das Familienverständnis oder noch vieles mehr.)

Daher stellt sich die Frage, wieso es trotzdem noch einige islamische Gelehrte gibt, die zum aktiven Kampf gegen gläubige Christen aufrufen.

Immer öfters ließt man aus Zeitungsberichten von Christenverfolgungen im asiatischen Raum. Kirchen beider Konfessionen werden geplündert und ausgebrannt, Priester werden misshandelt und erschossen und gläubige Christen werden verfolgt. Zwei Beispielländer, in denen die Christen nicht unbedingt tolleriert werden möchte ich erwähnen. Andere Beispiele finden sich auf der Homepage: http://www.moschee-schluechtern.de/christen/untermuslims.htm.

Die Türkei, ein Anwärterstaat für die Europäische Union.

„Als säkularer Staat garantiert auch die Türkei in ihrer Verfassung das Recht des einzelnen auf Religionsfreiheit. Schwierig wird es, wenn sich mehrere einzelne zu einer Gruppe zusammenschließen und etwa eine Kirche oder ein Gemeindehaus bauen wollen. Das geht schon seit etwa 80 Jahren nicht mehr ohne weiteres. Das aus den Zeiten Atatürks stammende Verbot, das eigentlich gegen islamische Gemeinschaften gerichtet war, wird in der Praxis fast ausschließlich gegen christliche Gemeinschaften angewandt. Keine christliche Gemeinde darf neue Gebäude errichten. Dagegen ist heute überall der Bau von Moscheen zu beobachten. Nun haben etwa die Griechen mehr Kirchen, als sie brauchen. Sie könnten vielleicht eine der nicht genutzten Kirchen einer neu gegründeten türkisch-evangelischen Gemeinde geben, die kein Gebäude hat. Das allerdings ist verboten und kann zur Enteignung des Gebäudes führen. Da Kirchen keine juristischen Personen, geschweige denn Körperschaften des öffentlichen Rechts sind, können sie auch keine Immobilien als Geschenk annehmen oder erben. Selbst das Mieten von Räumen ist ihnen verwehrt. Eine weitere erhebliche Beeinträchtigung kirchlichen Lebens ist das staatliche Verbot, Pfarrer und Religionslehrer auszubilden. Vor 30 Jahren wurden alle theologischen Hochschulen, christliche wie islamische, geschlossen. Die islamischen konnten inzwischen wieder öffnen, die christlichen nicht. Theologen aus dem Ausland zu holen ist ebenfalls verboten. Bleibt als letzte Möglichkeit, junge Menschen zum Theologiestudium ins Ausland zu schicken, allerdings mit dem Risiko, daß sie dann nicht in die Türkei zurückkommen. Als Kompromiß hat die staatliche Seite der Griechisch-Orthodoxen Kirche vorgeschlagen, christliche Theologen an den staatlichen theologischen Fakultäten auszubilden. Nun heißen die Fakultäten zwar theologische Fakultäten, sind aber de facto islamisch-theologische Fakultäten. Christliche Theologiestudenten würden also von islamischen Hochschullehrern ausgebildet. Alternativen sind nicht in Sicht. Dabei drängt die Zeit. Es ist absehbar, wann Gemeinden und die wenigen kirchlichen Schulen keine ausgebildeten Theologen mehr haben."[23]

Soll man diese Diskriminierung schweigend in Kauf nehmen?

Als weiteres Beispiel soll Pakistan dienen.

„Der auf dem Blasphemiegesetz beruhende § 295c bestimmt die Todesstrafe für jeden, der der Beleidigung des Propheten Mohammed für schuldig befunden wird. Besonders Christen und andere religiöse Minderheiten sind dieser Anklage ausgesetzt. Seit Verschärfung des Gesetzes 1991 sind vier Christen wegen Blasphemie verurteilt worden. Das Blasphemiegesetz ist sehr vage formuliert und ermöglicht deswegen Mißbrauch. Ein einziger Belastungszeuge reicht aus, um den Angeklagten zu verurteilen. Dies geschah auch im Fall Ayub Masih so, gegen dessen Verurteilung Bischof Joseph unmittelbar vor seinem Freitod protestiert hat.

Seit Bestehen des Blasphemiegesetzes sind etwa ein Dutzend Christen inhaftiert worden. Alle sind bisher nach teilweise jahrelanger Inhaftierung freigesprochen worden. Allerdings sind einzelne Christen von extremistischen Muslimen umgebracht worden. So wurde Manzoor Masi am 5. April 1994 nach einer Gerichtsverhandlung in Lahore erschossen. Zwei mitangeklagte Christen wurden bei der Attacke, die von drei fanatischen Muslimen von Motorrädern aus unternommen wurde, verletzt. Die beiden Christen Rahmat und Salamat

---

[23]aus http://www.moschee-schluechtern.de/christen/tuerkei_faz011214.htm

Masih wurden später von einem Gericht wegen Lästerung des Propheten Mohammed zum Tode verurteilt. Sie legten dagegen beim höchsten Gerichtshof in Lahore Berufung ein und wurden 1995 durch den Richter Arif Iqhal Bhatti freigesprochen. Sie flohen dann in die Bundesrepublik Deutschland, weil ihr Leben bedroht war. Im Sommer 1997 waren zwei junge Frauen, die Interesse am Christentum gezeigt hatten, von eigenen Verwandten umgebracht worden.

Der jetzt zum Tode verurteilte 32jährige Christ Ayub Masih wurde am 6. November vorigen Jahres vor dem Gerichtsgebäude in der Stadt Sahiwal angeschossen und schwer verletzt, als er, an einen Polizisten gekettet, zur Verhandlung geführt wurde. Das Geschoß verfehlte nur knapp sein Ziel. Masihs Eltern identifizierten einen ehemaligen Nachbarn als Attentäter, der Masih im Oktober 1996 wegen angeblicher Lästerung des Propheten Mohammed angezeigt hatte und dem es, so Masihs Eltern, nur um Vorteile in einem Grundstücksstreit ging. Nach der Festnahme Masihs war es zu einem gewalttätigen Aufruhr in seinem Heimatdorf Arifwala gekommen, in dessen Verlauf alle 14 christlichen Familien des Ortes fliehen mußten. Ein weiterer Christ, Anwar Masih, befindet sich ebenfalls wegen angeblicher Lästerung des Islam bereits seit fünf Jahren in Untersuchungshaft.

Bischof John Joseph erklärte nach einem Besuch bei Anwar im vorigen November, daß er seine Zelle im Zentralgefängnis von Faisalabad in den vorangegangenen drei Monaten nicht verlassen durfte. Wie die Vollzugsbeamten erklärten, geschehe es zu seiner eigenen Sicherheit, denn man wisse, daß er getötet werden solle. Bischof John Joseph hat sich im Herbst auch aufgrund eines Aufrufs islamischer Extremisten zur Vernichtung von Christen und Juden an die Regierung gewandt. Bischof Joseph rief zu friedlichem Protest gegen die 'teuflischen' Kräfte des Terrorismus, die im Namen der Religion daherkommen, auf und bat auch um Unterstützung durch Fasten und Gebet."[24]

Diesen Berichten ist nichts anzufügen. Es ist schockierend, dass Regierungen, die diese Berichte kennen, nichts dagegen unternehmen.

III) Gibt es Lösungen?

Welche Lösungen für den Konflikt der islamischen Welt mit der westlichen Welt stehen uns zur Verfügung?

„In den meisten Ländern der islamischen Welt leidet die Bevölkerung unter oft drückenden sozialen Umständen und wirtschaftlichen Krisen. Diese ungelösten Probleme begünstigen oft

---

[24]aus: http://www.igfm.de/mr/mr1998/mr980212.htm

die Bildung von Bewegungen, die aus Unzufriedenheit der vielen um so verstärkter Nahrung erhalten."[25]

Der Westen kann dazu beitragen, dass in den islamischen Ländern eine Steigerung des Wohlstandes erreicht wird. Doch was will die islamische Welt aus dem Westen übernehmen?

„Angenommen wird das, was nach Ansicht der Autoren mit dem Islam vereinbar ist."[26]

„Die Muslime würdigen den positiven Beitrag der westlichen Zivilisation auf dem Gebiet des Wohlstands, der sozialen Organisationsformen, der Beherrschung der Natur, auch wenn sie auf die Mängel dieser Zivilisation hinweisen, die weder Glück ihrer Kinder noch das der Welt im Allgemeinen zu bringen vermag.

Im Einzelnen wird alles bejaht, was das materielle Glück bringt:

- der intellektuelle, wissenschaftliche, technische und industrielle Fortschritt, der dem Menschen hilft die Probleme des Lebens zu lösen;
- der materielle Wohlstand, der vom Staat und von der Gesellschaft angesteuert wird;
- die Dienste der modernen Zivilisation: Straßen, Infrastruktur usw.;
- (…)

Wenn man dabei dies alles auf Gott ausrichtet, wird es möglich sein, all diese Instrumente und Mittel im Dienste des Guten für die Menschheit einzusetzen."[27]

Doch hier entsteht das Problem der muslimischen Welt mit dem Westen. Im Westen sind Religion und Staat seit der Aufklärung getrennt. Das Demokratieverständnis, dass im Westen vorherrscht, ist nicht mit einem islamischen Staat vereinbar.

Der islamische Staat beruft sich auf den Koran und die Sharia.

Auch die westliche Gesellschaft mit ihrer zum größten Teil antireligiösen Einstellung bereitet dem Islam große Probleme. Wenn man im Westen diese Probleme erkennt, dann gibt es sicherlich ein friedliches Coexistieren dieser Zivilisationen.

---

[25] Adel Theodor Khoury: „Der Islam und die westliche Welt";S.127
[26] Adel Theodor Khoury: „Der Islam und die westliche Welt";S.135
[27] Adel Theodor Khoury: „Der Islam und die westliche Welt";S.135/136

Christentum und Islam- Dialog und Konflikt. Dieses Thema ist nicht unbedingt ein einfaches Thema. Man muss vorsichtig sein, damit man nicht in Polemik verfällt. Seit ungefähr dem 9ten Jahrhundert setzten sich christliche wie islamische Theologen und Schriftgelehrte mit diesem Thema auseinander. Sehr oft war diese Auseinandersetzung nur ein polemischer Schlagabtausch auf beiden Seiten.

Seit dem Zeitalter der Aufklärung hat sich das Verhältnis von Christentum und Islam verändert.

Da in Europa und Nordamerika die Religion nicht mehr mit der Staatsgewalt verbunden ist, tritt die Religion immer mehr in den Hintergrund. So kann man zum Beispiel die Verfehlungen im Imperialismus nicht auf die christliche Religion schieben, wie es immer wieder in der islamischen Welt getan wurde.

Die Aufklärung war im Westen auch der Beginn einer immer mehr antireligiösen Gesellschaft, deren Höhepunkt sicherlich im 21ten Jahrhundert sein wird.

Diese westliche Gesellschaft ist dem Islam ein Dorn im Auge. Es wird in einer islamischen Gesellschaft nicht akzeptiert, dass jährlich tausende von ungeborenen Kindern getötet werden. Oder, dass man ohne weiteres Halbnackt in der Öffentlichkeit auftritt, oder, dass die ursprüngliche Familienform aufgelöst wird. (Übrigens, die Großfamilie ist für normale arabische Familien die Sozialversicherung!)

Leider sehen Muslime diese Verfehlungen der Gesellschaft als Verfehlungen der christlichen Religion, dass ist aber nicht so! Denn diese, aus unserer Sicht, veralteten Moralvorstellungen des Islams, sind auch die Moralvorstellungen des Christentums! Das westliche Gesellschaftssystem sollte wieder zu den christlichen Moralvorstellungen zurückkehren. Wenn wir wieder nach den christlichen Wertvorstellungen leben würden, dann könnten wir das islamische Gesellschaftssystem vielleicht auch besser verstehen. Von vielen Soziologen und Gesellschaftsforschern wird gefordert, dass wir uns mit dem Islam auseinandersetzen sollten, damit nicht durch die Unwissenheit ein Hassgebilde entsteht. Ich finde, wir sollten versuchen unsere eigene Religion besser verstehen lernen. Nur wenn wir unsere eigene Religion verstehen und schätzen lernen, dann können wir auch die Religion des Islam verstehen, denn soweit liegen die Grundwerte dieser Religionen nicht auseinander!

Literaturliste

Schriftliche Medien:

- Khoury, Adel Th.: „Christen unterm Halbmond, Religiöse Minderheiten unter der Herrschaft des Islam"; Herder, Freiburg 1994
- Khoury, Adel Th.: „Der Islam und die westliche Welt"; Primus Verlag, Darmstadt 2001
- Abdullah, Muhammad Salim: „Islam für das Gespräch mit Christen"; Gütersloher Verlagshaus Gerd Mohn 1992
- Hrsgb. Bundeszentrale für politische Bildung: „Weltreligion Islam"; Bonn 2002
- Hrsgb. Sekretariat der Deutschen Bischofskonferenz: „Dialog zwischen den Kulturen für eine Zivilisation der Liebe und des Friedens"; Bonn 2001
- Heine, Peter: „Terror in Allahs Namen, Extremistische Kräfte im Islam"; Herder spektrum, Freiburg 2001

Digitale Medien:

- Hrsgb. Khoury, Adel Th.; Hagemann, Ludwig und Heine, Peter: „Lexikon des Islam, Geschichte-Ideen-Gestalten": Directmedia, Berlin 2001 (Digitale Bibliothek: Band 47)
- Hrsgb. islam.de: „Islam auf einen Blick, Grundwissen vom Original"; 2001
- Hrsgb. Hünermann, Peter: „Denzinger-Hünermann: Kompendium der Glaubensbekenntnisse und kirchlichen Lehrentscheidungen";

Ausgabe auf CD-Rom; Herder 1991, 1997 (liegt der 37. schriftlichen Ausgabe zugrunde)

- Hrsgb. Küng, Hans: „Spurensuche, den Weltreligionen auf der Spur"; Ausgabe auf CD-Rom; 1991
- Bibliographisches Institut & F. A. Brockhaus AG: „Der Brockhaus in Text und Bild Edition 2002" CD-Rom Ausgabe

Artikel:

- Huntington, Samuel P.: „The Clash of Civilizations": in Foreign Affairs; Summer 1993, v73,n3, p.22(28)
- Autor unbekannt: "Die Synode von Clermont": veröffentlicht auf der Homepage www.der-kreuzritter.de ; download: am 27. November 2002, 11:15:59Uhr
- Autor unbekannt: „Die Christenverfolgung in Pakistan nimmt zu"; http://www.igfm.de/mr/mr1998/mr980212.htm; download: am 04.03.2003, 20:33Uhr
- Duncker, Gerhard: „Christen in der Türkei- wie Fische auf dem Trockenen"; http://www.moschee-schluechtern.de/christen/tuerkei_faz011214.htm; download: am 04.03.2003. 22:43Uhr